Ilse Gutjahr

Vollwertkost
ohne tierisches Eiweiß

emu verlag
ernährung
medizin
umwelt

ISBN 3-89189-019-2
9. Auflage 2002

Umschlaggestaltung: Martin Gutjahr-Jung
Druck: graphoprint, 56070 Koblenz

Ilse Gutjahr

Vollwertkost ohne tierisches Eiweiß

Inhaltsverzeichnis

Einleitung

Um die Gesundheit zu erhalten oder zu erlangen, ist eine vitalstoffreiche Vollwertkost nötig. Sie ist gekennzeichnet durch Vermeidung von Fabrikzucker, Auszugsmehlen, Fabrikfetten und durch den Verzehr eines großen Frischkostanteils, durch Vollkornprodukte und naturbelassene Fette.

Da die folgenden Krankheiten nachweislich ernährungsbedingt sind, sollte die genannte Kostform eingehalten werden:

1. der Gebißverfall, die Zahnkaries und die Parodontose,
2. die Erkrankungen des Bewegungsapparates, die sogenannten rheumatischen Erkrankungen, die Arthrose und Arthritis, die Wirbelsäulen- und Bandscheibenschäden,
3. alle Stoffwechselkrankheiten wie Fettsucht, Zuckerkrankheit, Leberschäden, Gallensteine, Nierensteine, Gicht usw.
4. die meisten Erkrankungen der Verdauungsorgane wie Stuhlverstopfung, Leber-, Gallenblasen-, Bauchspeicheldrüsen- sowie Dünn- und Dickdarmerkrankungen, Verdauungs- und Fermentstörungen,
5. Gefäßerkrankungen wie Arteriosklerose, Herzinfarkt, Schlaganfall und Thrombosen,
6. mangelnde Infektabwehr, die sich in immer wiederkehrenden Katarrhen und Entzün-

dungen der Luftwege, den sogenannten Erkältungen und in Nierenbecken- und Blasenentzündungen äußert, sowie

7. manche organische Erkrankungen des Nervensystems.
8. Auch an der Entstehung des Krebses soll die Fehlernährung in einem gewissen Maße beteiligt sein.

Bei manchen Erkrankungen ist es aber besonders wichtig, daß außerdem tierisches Eiweiß streng gemieden wird, z. B. bei Erkrankungen der Bewegungsorgane und allergischen Erkrankungen. Dadurch ist in vielen Fällen im Anfangsstadium eine Heilung und selbst bei schweren fortgeschrittenen Fällen eine Besserung zu erzielen. Dies gilt besonders für die Primär chronische Polyarthritis (PCP) und andere Formen des chronischen Gelenkrheumatismus.

Eine ganz strenge Einhaltung der tierisch eiweißfreien Ernährung ist bei Neurodermitis – einer sonst als unheilbar geltenden Erkrankung – notwendig.

Auch bei manchen anderen Hautkrankheiten, bei immer wiederkehrenden Infekten (Infektanfälligkeit) und Diabetes sollte tierisches Eiweiß gemieden bzw. stark eingeschränkt werden. Entsprechende Hinweise und Erläuterungen finden Sie in den betreffenden Büchern von Dr. med. M. O. Bruker (s. Literaturnachweis).

Dieses Rezeptheft soll all denjenigen eine

Hilfe sein, die eine tierisch eiweißfreie Kost essen möchten oder müssen. Butter und Sahne sind in den Rezepten verwendet worden. Butter enthält nur etwa 0,5 % Eiweiß. Der Eiweißgehalt kann deshalb vernachlässigt werden. Sahne enthält etwa 2,5 % Eiweiß.

> Zum Tiereiweiß zählen:
> Milch, Quark, Käse, Eier, Wurst, Fisch und Fleisch.

Allgemeine Hinweise

Als *Öle* sollten grundsätzlich nur Öle der Erstpressung (sogenannte kaltgepreßte, die garantiert nicht raffiniert wurden) verwendet werden. Frisches Leinöl hat einen nußartigen Geschmack und darf auf keinen Fall bitter schmecken – dann ist es alt, oder der Leinsamen wurde vorbehandelt. Die Öle werden öfter gewechselt, um auch dabei den unterschiedlichen Gehalt an Vitalstoffen von möglichst vielen Sorten auszunutzen.

Vitamin A und Mohrrüben. Immer wieder wird die Auffassung vertreten, Mohrrüben müßten mit Fett angerichtet werden, damit das Provitamin A in Vitamin A umgewandelt werden kann. Die Umwandlung erfolgt nicht auf dem Teller, sondern in unserem Körper. Es spielt keine Rolle, zu welchem Zeitpunkt Fett gegessen wird. Wichtig ist, daß überhaupt naturbelassene Fette verzehrt werden. Also: Wenn Sie Appetit darauf haben, kann die Mohrrübe pur – also auch ohne Ölzusatz – geknabbert werden.

Kochsalz wird im Frischkostanteil der Speisen möglichst gar nicht verwendet. Es ist kein Gewürz. Als für den Organismus notwendiges Mineralsalz ist es in den Lebensmitteln in ausreichender Menge enthalten. Den gekochten

Speisen kann etwas Vollmeersalz oder Kräutersalz zugegeben werden.

Das *Waschen* der Gemüsesorten ist kein Einweichen, sondern wird am besten ganz kurz vor dem Zerkleinern unter fließendem Wasser vorgenommen.

Schälen von Obst und Gemüse entfernt keine Schadstoffe, sondern wichtige Vitalstoffe. Nur bei wenigen Sorten ist die Schale ungenießbar. Also Gurke, Mohrrübe, Apfel, Rettich usw. immer mit Schale verzehren, denn die in der Schale enthaltenen Wirkstoffe benötigt die Leber, um etwa vorhandene Giftstoffe auszuscheiden. Außerdem sind etwa vorhandene Giftstoffe nicht nur in der Schale, sondern in allen Teilen des Lebensmittels enthalten.

Für den *Frischkornbrei* wird das geschrotete Getreide grundsätzlich nur mit kaltem Leitungswasser angesetzt und bleibt bei Zimmertemperatur stehen. Zum Einweichen nicht Milch, Saft oder ähnliches nehmen.

Die Einweichzeit beträgt in der Regel etwa 5 bis 12 Stunden. Wird die Zeit mal überzogen oder kürzer gehalten, tut dies Ihrer Gesundheit keinen Abbruch. Es gibt Vollwertköstler, die essen ihr geschrotetes Getreide bereits nach einer Einweichzeit von einer Stunde; sie haben aber meistens noch ein relativ gutes Gebiß und können gut kauen!

Nicht alle Gewürze sind in allen Geschäften

vorrätig. Zum Beispiel erhalten Sie Gemüsebrühe, Brühwürfel auf pflanzlicher Basis, Hefeflocken, Vanillegewürz u. a. nur im Reformhaus oder Naturkostladen.

Als Abkürzungen in den Rezepten bedeuten:
TL = Teelöffel,
EL = Eßlöffel,
MS = Messerspitze.

Frischkorngerichte

Der wichtigste Bestandteil einer vitalstoffreichen Vollwerternährung sind Frischkorngerichte aus verschiedenen Getreidesorten. Die beliebteste und wohl bekannteste Zubereitungsart ist der Frischkornbrei.

Grundrezept für den Frischkornbrei

Er wird aus einer Mischung von Roggen und Weizen, oder aus einer Mischung von Roggen, Weizen, Gerste, Hafer und Hirse (erhältlich im Reformhaus) hergestellt. Von dieser Mischung werden 3 Eßlöffel (= etwa 50 g) durch eine Getreidemühle, in einem Mixapparat oder in einer alten (nicht neuen) Kaffeemühle grob geschrotet.

Das Mahlen muß jedesmal frisch vor der Zubereitung vorgenommen werden

Dabei spielt es keine Rolle, ob die Getreidemühle mit Mahlsteinen oder einem Stahlmahlwerk arbeitet.

Nicht auf Vorrat mahlen! Das gemahlene Getreide wird mit ungekochtem, kaltem Leitungswasser zu einem Brei gerührt und 5–12 Stunden stehengelassen. Die Wassermenge wird so berechnet, daß nach der Quellung nichts weggegossen zu werden braucht. Nach 5–12 Stunden wird dieser Brei tischfertig gemacht durch Zusatz von frischem Obst (je nach Jahreszeit), Zitronensaft, 1 Teelöffel Honig (nur manchmal; regelmäßig Honig kann Karies erzeugen), 1 Eßlöffel Sahne, geriebenen Nüssen, nach Art des Bircher-Benner-Müslis.

Solange verfügbar, sollte man immer einen Apfel hineinreiben und sogleich untermischen, bevor er braun wird. Der geriebene Apfel macht den Frischkornbrei besonders luftig und wohlschmeckend.

Es ist ohne Belang, zu welcher Tageszeit dieser Brei genossen wird.

Die Frischkornmahlzeit nach Evers

3 Eßlöffel Roggen oder Weizen (keine Mischung) werden über Nacht (etwa 12 Stunden) mit ungekochtem, kaltem Wasser eingeweicht. Am Morgen werden die Körner in einem Sieb mit frischem Wasser gespült. Tagsüber bleiben sie trocken stehen. In der zweiten Nacht werden sie wieder mit Wasser übergossen, am nächsten Morgen wieder gespült. Dieser Vorgang wird so lange fortgesetzt (im Durchschnitt 3 Tage), bis die Körner keimen und die Keimlinge ca. ⅓ cm lang sind. In der Keimzeit sollen die Körner möglichst bei Zimmertemperatur stehen (d. h. nicht zu kalt und nicht zu warm). Diese gekeimten Körner können mit Zutaten

versehen werden, wie beim Frischkornbrei angegeben. Sie sind gründlich zu kauen.

Da der Frischkornbrei gut schmecken und abwechslungsreich sein soll, zeigen wir Ihnen hier noch einige andere Zubereitungsmöglichkeiten.

Es spielt keine Rolle, zu welcher Tageszeit der Frischkornbrei gegessen wird. Um aber ausreichend mit Frischkostsalaten versorgt zu sein, hat es sich bewährt, ihn als Frühstück einzuplanen. Das Schroten und Einweichen des Getreides wird dann bereits am Abend vorher vorgenommen. Sie werden sich nach kurzer Zeit so daran gewöhnt haben, daß Ihnen für einen guten Start in den Tag etwas fehlt, wenn Sie ihn einmal nicht essen.

Mengenangaben pro Person:

3 EL Weizen (= ca. 50 g)
½ Apfel
½ Banane
Zitronensaft nach Geschmack
1 EL Sonnenblumenkerne oder mehr

3 EL Roggen
1 Nektarine
3 Aprikosen
Zitronensaft
2 EL grob gehackte Walnüsse

3 EL Hafer (kann morgens geschrotet und eingeweicht werden)
½ Apfel
1 Pfirsich
Saft ½ Orange
grob gehackte Mandeln
1 EL geschlagene Sahne

3 EL Buchweizen (am Abend ungeschrotet einweichen)
1 kleiner Apfel
1 Handvoll Johannisbeeren
Zitronensaft
1 MS Vanillegewürz
2 EL süße Sahne

3 EL 6-Korn-Mischung (Weizen, Roggen, Gerste, Hafer, Hirse, Buchweizen)
1 kleiner Apfel
1 Banane
Zitronensaft
1 Handvoll blaue oder grüne Trauben

3 EL gekeimtes Getreide (Weizen oder Roggen o. a. Keimvorgang s. S. 14)
1 Apfel
1 Banane
½ Orange
1 EL Cashewkerne

3 EL Hirse ungeschrotet einweichen ½ Apfel
½ Banane pürieren
1 Handvoll Erdbeeren oder Brombeeren
Zitronensaft
1 MS Zimt
2 EL geschlagene Sahne

3 EL 3-Korn (Weizen, Roggen, Hafer)
1 kleiner Apfel
1 Kiwi
1 Handvoll rote Johannisbeeren oder rote Granatapfelkerne
nach Geschmack Delifrut
2 EL geschlagene Sahne
gehackte Haselnüsse

... für diejenigen, die morgens schon Pikantes lieben ...

3 EL gekeimter Roggen
1 kleine Mohrrübe raffeln
1 Stückchen Paprikaschote würfeln
1 kleines Stück Gurke
1 Tomate
mit Essig, Paprika und frischen Kräutern würzen

Frischkost voraus

Unter Frischkost verstehen wir Salate aus rohem Gemüse und rohem Obst sowie Frischkorngerichte.

Frischkost sollte stets *vor* den gekochten Speisen gegessen werden. Sind Salate abwechslungsreich und schmackhaft zubereitet, wird jeder gern probieren und sich für die »neue Küche« begeistern.

Frischkost ist nicht nur etwas für Kranke, sondern für alle, die fit und leistungsfähig bleiben möchten. Dies gilt auch für alle anderen Rezeptvorschläge.

Bringen Sie verschiedene Gemüsesorten als Salat auf den Tisch. Nach Möglichkeit täglich zwei über und zwei unter der Erde gewachsene Gemüse und Blattsalat. Wenn diese Kombination nicht immer so genau eingehalten werden kann, ist das nicht tragisch. Sie sollten sich jedoch bemühen, mehr als zwei Sorten anzubieten, denn es geht ja schließlich um Ihre Gesundheit. Denken Sie daran? Täglich mindestens ⅓ der Gesamtnahrung als Frischkost essen! Je größer der Frischkostanteil ist, um so besser!

Jede Gemüsesorte kann einzeln mit einer Soße zubereitet werden. Oder alle Gemüse werden geputzt, zerkleinert und nach dem Anrichten mit einer entsprechenden Soße übergossen. Überhaupt – eine pikante Soße macht oftmals aus dem langweiligsten Salat etwas Besonderes.

Tip für Eilige: Eine größere Soßenmenge zubereiten und im Schraubglas im Kühlschrank aufbewahren. Sie hält sich etwa 2–3 Tage.

Hier nun vorweg verschiedene Soßen:

Senfsoße

3–4 EL Öl
2–3 EL Obstessig
1 EL Senf
1 TL Honig
etwas Wasser

Alle Soßen können problemlos mit etwas Wasser, Gemüsebrühe oder auch Sahne verlängert werden, wenn sie Ihnen zu scharf oder zu dickflüssig sind.

Scharfer Dip

1 Tube Tomatenmark
3–4 EL Öl
Saft 1 Zitrone
1 TL Hefepaste
1 Knoblauchzehe pressen
1 kleine saure Gurke

2 Chillischoten fein würfeln
Pfeffer, Paprika edelsüß, 1 Spritzer Tabasco
mit Wasser, Sahne oder Gemüsebrühe
verlängern

Currysoße

1 Becher süße Sahne dickflüssig schlagen
oder 1 Becher saure Sahne
2 EL Senf
2 EL Öl
1 TL Curry
Hefepaste nach Geschmack
evtl. etwas Wasser

Kräutersoße

3–4 EL Olivenöl
Saft von 1 Zitrone
Petersilie, Dill, 1 Blatt Salbei oder Minze
Wasser oder Sahne

Einfache Zitronensoße

4 EL Öl
Saft von 1 Zitrone
1 TL Honig
etwas Wasser

Dillsoße

1 Becher Sahne dickflüssig schlagen
Saft von 1 Zitrone
1 Bund Dill oder mehr, fein geschnitten
1 EL Senf
1 Prise Cayennepfeffer
1 MS Paprika
evtl. etwas Wasser

Sahnesoße

süße Sahne dickflüssig schlagen
3–4 EL Öl
Saft von 1 Zitrone
1 MS Kräutersalz
1 TL Paprika edelsüß

Die Soßen sollten nach Möglichkeit zuerst zubereitet werden. Die Fettmenge wird nicht begrenzt, sondern kann je nach Geschmack reichlich hinzugefügt werden.

Salatrezepte

Hier nun einige Salatrezepte für die ganze Familie (Mengenangaben für etwa 4 Personen).

Probieren Sie mutig Neues aus. Es gibt unendlich viele Kombinationsmöglichkeiten, die lecker schmecken.

Haben Sie zum Beispiel schon einmal Banane, Tomaten und Zwiebeln gemischt? Oder Kiwi, Sauerkraut, Äpfel und Mohrrüben?

Birnen-Sellerie-Salat

Soße:
3–4 EL Öl
1 MS Paprika edelsüß
evtl. etwas Sahne oder Wasser

500 g saftige Birnen
250 g blaue Weintrauben
3 Stangen Bleichsellerie
Saft von 1 Zitrone

Die Soßenzutaten verrühren. Die Birnen ungeschält würfeln und sofort mit Zitronensaft beträufeln. Weintrauben halbieren und evtl. entkernen, Selleriestangen putzen und in ca. 1 cm breite Streifen schneiden. Alles mit der Soße mischen und mit Walnußkernen garnieren.

Bunte Platte

Soße:
Saft von 1 Zitrone
3–4 EL Öl
1 Spur Ingwer
1 TL Honig
etwas Wasser

3–4 Mohrrüben
1 Orange
1 großer Apfel
2–3 EL Öl

1 Kästchen Kresse
1 Orange
1 großer Apfel
Saft von 1 Zitrone

Mohrrüben fein raffeln, 1 Orange und den Apfel würfeln. Alles mit dem Öl mischen.

Kresse zupfen und ebenfalls mit gewürfelter Orange und gewürfeltem Apfel sowie Zitronensaft mischen.

Beide Mischungen getrennt auf einer Salatplatte anrichten. Nach Geschmack mit gehackten Mandeln oder Nüssen bestreuen. Dazu Zitronen-Ingwer-Soße reichen.

Eisbergsalat mit Kresse

Soße:
4–5 EL Öl
Saft von 1 Zitrone
1 Knoblauchzehe pressen
nach Belieben Senf
evtl. Wasser

1 Kopf Eisbergsalat
1 Kästchen Kresse
2–3 Tomaten

Eisbergsalat in etwa 1 cm breite Streifen schneiden, Kresse zupfen, Tomaten achteln. Alles dekorativ auf Platte anrichten. Mit o. g. Soße oder einer beliebigen anderen Soße von Seite 20–22 übergießen.

Internationale Mischung

1 rote Paprikaschote
2 große Zwiebeln
2 kleine Frühlingszwiebeln
1 Orange
100 g Sauerkraut
100 g Pfifferlinge
2 Kiwi

Paprikaschote würfeln, Zwiebeln in feine Ringe schneiden, Frühlingszwiebeln mit Kraut fein schneiden, Orange würfeln. Sauerkraut

– wenn es zu lang ist – etwas schneiden. Pfifferlinge roh lassen oder in wenig Butter 5 Minuten dünsten. Wenn Pilze zu groß sind, ebenfalls zerkleinern.

Vor dem Servieren alle Zutaten mit Öl, Zitronensaft, 1 MS Cayennepfeffer und schwarzem Pfeffer mischen.

Kiwi schälen, in Scheiben schneiden und Salat damit garnieren.

Spinatsalat

Soße:
4 EL Olivenöl
2–3 EL Obstessig
1 MS Kräutersalz
schwarzer Pfeffer
Salbei
Thymian

300 g Spinat
2 Orangen
1 große Zwiebel

Soßenzutaten verrühren, evtl. mit etwas Wasser verlängern.

Spinat in breite Streifen schneiden, Orangen würfeln, Zwiebeln in feine Ringe schneiden. Alle Zutaten mit Soße mischen.

Sauerkrautsalat

300 g Sauerkraut vom Faß
200 g blaue Trauben
1 große Zwiebel
1 Apfel

Sauerkraut zupfen, Trauben halbieren und evtl. entkernen. Zwiebel und Apfel würfeln. Alle Zutaten mit Öl mischen und evtl. mit frisch gemahlenem schwarzem Pfeffer und Kümmelpulver bestreuten.

Zucchini mit Radicchio

Soße:
4 EL Olivenöl
2 EL Obstessig
schwarzer Pfeffer
Petersilie, Kerbel, Estragon

1 kleine bis mittlere Zucchini
2 kleine Radicchio
2–3 Frühlingszwiebeln

Soßenzutaten verrühren, mit etwas Wasser oder Sahne verlängern. Zucchini in feine Scheiben schneiden oder hobeln. Radicchio in Streifen schneiden, Frühlingszwiebeln mit Grün fein schneiden.

Alles mit Soße mischen. Eventuell mit etwas Honig süßen.

Paprika-Orangen-Salat

Soße:
4–5 EL Olivenöl
Saft von 1 Zitrone
1 TL Honig

3 gelbe Paprikaschoten
1 rote Paprikaschote
1 große Zwiebel
3 Orangen

Paprikaschoten in Streifen schneiden, Zwiebel in feine Ringe, Orangen würfeln.

Alles mit Soßenzutaten mischen. Mit frischgemahlenem schwarzem Pfeffer bestreuen.

Gurkensalat

Soße:
4–5 EL Öl
1–2 EL Tomatenmark
1 EL Obstessig
1 TL Honig
Kresse, Petersilie, Schnittlauch

1–2 Salatgurken

Gurken fein hobeln und sofort in vorbereitete Soße geben.

Salat à la Cannero

Soße:
3–4 EL Öl oder mehr, je nach Salatmenge
3 EL Obstessig
1 EL Senf
1 TL Honig
1 MS Paprika
evtl. Hefepaste
Kräuter der Provence

Gemüsesorten nach Belieben und Vorhandensein sofort in Soße hineinschneiden, z. B. Mohrrüben, Zwiebeln, grüner Salat, Radieschen, Tomaten, Gurken, Mais, Paprika o. ä.

Weißkohlsalat mit Kräutersoße

500 g Weißkohl
½ TL Kräutersalz

Kohl fein hobeln, Kräutersalz dazugeben und fest durchkneten. 1 Stunde ziehen lassen.

Dann mit folgender Soße mischen:

Saft von 1 Zitrone
2–4 EL Öl
1 fein geschnittene Zwiebel
Fenchelgrün, Salbei (nur 1 Blatt), *Kerbel, Estragon*

Gemüseplatte

1 kleiner Blumenkohl
6 Tomaten
1 kleiner Endiviensalat

Blumenkohl fein raffeln, in der Mitte einer Salatplatte anhäufen. Tomaten in Scheiben schneiden und herumlegen. Endiviensalat in Streifen schneiden und am Rand anordnen.

Mit folgender Soße übergießen:

4 EL Öl
½ Tasse süße Sahne
Saft von 1 Zitrone
1 TL Honig
2 EL frisch gehackte Kräuter

Radicchio rosso mit Obst

Soße:
Saft von 1 Zitrone
3 EL Öl
frische Kräuter

2–3 Radicchio
1 saftige Birne
1 Banane
1 Orange
nach Belieben Trauben und Äpfel

Radicchio in Streifen schneiden und sofort in Soße geben. Birne würfeln, Banane in Scheiben schneiden und dazugeben. Weiteres Obst nach Belieben. Alles mischen und 10 Minuten ziehen lassen.

Rote-Bete-Salat

2 mittlere Rote Bete
2 saure Äpfel
1 Orange
1 TL Meerrettich
3 EL Öl
Zitronensaft
Walnußhälften

Rote Bete putzen, grobe Teile entfernen, mit Schale fein raffeln. Äpfel und Orange würfeln. Mit allen anderen Zutaten mischen. Mit Walnußhälften garnieren.

... und noch einmal
Rote-Bete-Salat

2 mittlere Rote Bete
3 milchsaure Gurken
1 Zwiebel
1 Mohrrübe
1 Apfel
Petersilie

Rote Bete und Mohrrüben raffeln. Gurken, Zwiebeln, Apfel würfeln. Mit Öl und Obstessig pikant abschmecken. Mit gehackter Petersilie bestreuen.

Rote Bete mit Apfel und Sauerkraut gemischt schmeckt ebenfalls sehr gut.

Buntes Allerlei ... rot, grün, gelb

Soße:
4–5 EL Öl
2 EL Obstessig
1 TL Senf
1 MS schwarzer Pfeffer
etwas Muskat, Thymian, Estragon
etwas Wasser

100 g Feldsalat
100 g Rosenkohl
500 g Tomaten
2–3 Zwiebeln, je nach Größe und Geschmack
2 zarte Maiskolben (notfalls einmal Mais aus der Dose)

Gemüse putzen. Rosenkohl raffeln, Tomaten in Scheiben schneiden, Zwiebeln würfeln oder in feine Ringe schneiden. Alles mit Soße mischen.

Es können nach Belieben auch andere Gemüsesorten genommen werden. Statt Mais z. B. Erbsen, Spargel, Blumenkohl ...

Mit Mais sieht der Salat jedoch besonders farbenfroh aus. Und das Auge ißt ja schließlich auch mit!

Linsensalat

100 g Linsen
200 g Sauerkraut
4 Tomaten
Öl, Obstessig
Thymian, frische Petersilie

Linsen keimen lassen, mit klein geschnittenem Sauerkraut vermischen, mit anderen Zutaten pikant würzen. Mit Tomaten und frischer Petersilie garnieren.

Warme Mahlzeiten

Probieren Sie doch einmal Neues aus. Wie bei der Frischkost, so sind auch bei den gekochten Mahlzeiten in der Vollwertküche viele Variationen möglich. Mengenangabe für etwa 4 Personen. Wenn notwendig, kann in fast allen Rezepten die Sahne durch Gemüsebrühe ersetzt werden, oder es wird den Gerichten eben etwas mehr Butter bzw. Öl beigegeben.

Linsenbratlinge

2 Tassen Linsen
2 Zwiebeln
1 Mohrrübe
Kräutersalz, Paprika,
Knoblauch, frisch gehackte Kräuter

Linsen werden über Nacht in wenig Wasser eingeweicht. Evtl. überschüssiges Wasser am nächsten Tag weggießen.

Die Linsen zusammen mit Zwiebeln und Mohrrübe durch den Fleischwolf drehen. Mit Gewürzen verkneten.

Mit feuchten Händen flache Bratlinge formen, in Weizenvollkornmehl wenden. In Öl oder Butter braten.

Austernpilze

2 große Zwiebeln
500 g Austernpilze
1 Tasse saure Sahne
Kräutersalz, schwarzer Pfeffer
gehackte Petersilie

Zwiebeln würfeln und in wenig Butter glasig dünsten. Pilze putzen, zerkleinern, dazugeben. 15 Minuten schmoren lassen. Mit Sahne und evtl. etwas Wasser auffüllen. Dann mit den Gewürzen abschmecken.

Dazu passen Kräuterreis, gebackene Kartoffeln, aber auch andere Getreidegerichte.

Vollkornnudeln mit Zucchini

500 g Vollkornnudeln
2 große Zwiebeln
2 EL Butter
1 mittelgroße Zucchini
1 Knoblauchzehe, gepreßt
2 EL Weizenvollkornmehl
1 Tasse süße oder saure Sahne
Kräutersalz, Pfeffer, Petersilie,
evtl. Tomatenmark

Die Nudeln werden in Salzwasser bißfest gegart. Herausnehmen und abtropfen lassen.

Zwiebeln würfeln, in Butter glasig dünsten. Zucchini in Scheiben schneiden und dazugeben. Knoblauchzehe, Kräutersalz und Pfeffer ebenfalls dazugeben. Mit Sahne auffüllen und 10 Minuten schmoren lassen. Mit Mehl bestreuen, kurz aufkochen lassen. Evtl. nachwürzen – auch mit Tomatenmark –, mit frischer Petersilie bestreuen.

Nudeln in Butter schwenken und dazu reichen oder vorsichtig unter das Gemüse heben. Bei Nudeln bitte beachten:

Teigwaren kaufen, keine Eier-Teigwaren! Teigwaren sind hergestellt aus Hartweizen-Vollkornmehl ohne Eier.

Haferbratlinge

250 g Hafer
1 TL gekörnte Brühe
1 große Zwiebel
1 Knoblauchzehe, gepreßt
100 g gehackte Haselnüsse
Paprika, Oregano, Kräutersalz

Hafer knapp mit Wasser bedeckt über Nacht einweichen. Am nächsten Tag 1 TL gekörnte Brühe dazugeben und garen, bis Flüssigkeit aufgesogen ist. Evtl. noch etwas Wasser nachfüllen. Mit der Zwiebel zusammen durch den Fleischwolf geben oder mit Schlagmesser (Mixer) leicht zerkleinern. Mit anderen Zutaten kräftig abschmecken.

Mit nassen Händen flache Bratlinge formen,

in Vollkornmehl wenden und in heißem Fett goldbraun braten.

Kartoffelauflauf

1 kg Kartoffeln
6 Tomaten
2 große Zwiebeln
2 EL Butter
200 g Sauerkraut

Kartoffeln gründlich waschen und mit Schale in dünne Scheiben schneiden. Tomaten in Scheiben schneiden. Zwiebeln würfeln und in Butter goldgelb dünsten.

Alle Zutaten mit dem Sauerkraut abwechselnd in gebutterte flache Auflaufform schichten. Mit Kartoffeln abschließen.

Mit folgender Soße übergießen:

¼ l süße Sahne
½ TL Kräutersalz
½ TL Paprika
Pfeffer, Basilikum, Petersilie

Zum Schluß Butterflöckchen aufsetzen und bei 180–200° etwa 30 Minuten backen.

Den gleichen Auflauf kann man auch sehr gut mit Vollkornbrot backen.

Fetten Sie eine Pizza- oder Auflaufform mit Butter. Boden mit Brotscheiben bedecken.

Alle Zutaten wie oben genannt lagenweise auf das Brot geben. Mit Soße übergießen und backen. Schmeckt auch sehr gut mit etwas älterem Brot (steinhart sollte es allerdings noch nicht sein). In dem Fall Brot zerkrümeln und dann wie oben verfahren.

Spinatkuchen

1 kg Spinat
2 Zwiebeln
1 EL Butter
1 Knoblauchzehe
Kräutersalz, Pfeffer, Muskat
Sahne
Kuchenteig (s. u.)

Den Spinat tropfnaß und unzerkleinert 5 Minuten dünsten. Zwiebeln fein würfeln und in Butter hellgelb rösten. Knoblauchzehe pressen und dazugeben. Alles mit Spinat mischen und mit anderen Zutaten abschmecken. Auf vorbereiteten Kuchenteig legen und bei 170° etwa 30 Minuten backen.

Kuchenteig:
– kann süß und pikant gemacht werden

250 g Weizenvollkornmehl
80 g Butter
½ TL Vollmeersalz
⅛ l Wasser

Alle Zutaten werden verknetet. 1 Stunde ruhen lassen.

Wenn das Vollmeersalz durch 1 EL Honig ersetzt wird, eignet sich dieser Teig auch als Obstboden.

Gefüllte Paprikaschoten

Pro Person 1–2 rote und grüne Paprikaschoten. Schoten putzen, Deckel abschneiden, aushöhlen.

Füllung:
3 große Zwiebeln
1–2 EL Butter
1 Sellerieknolle
4 Tomaten
1 Tasse saure Sahne

Zwiebeln würfeln, in Butter glasig dünsten. Sellerieknolle grob raffeln, dazugeben, Tomaten würfeln, dazugeben, mit Sahne auffüllen.

10 Minuten schmoren lassen.

Mit Petersilie, Basilikum, Paprika, Bohnenkraut, Pfeffer und Kräutersalz abschmecken.

Paprikaschoten füllen. Deckel aufsetzen. In gebutterte Auflaufform setzen, 1 Tasse Wasser zugeben. 30 Minuten bei ca. 180° backen.

Dazu passen Reis, Hirse, Kartoffeln.

Gurkengemüse

2–3 Zwiebeln
1–2 EL Butter
1 kg Schmorgurken
3 Fleischtomaten
Kräutersalz, Muskat,
weißer Pfeffer, Paprika edelsüß
1 Tasse saure Sahne
1 Bund Dill

Zwiebeln würfeln und in Butter glasig dünsten. Schmorgurken und Tomaten würfeln und dazugeben, 15 Minuten schmoren lassen. Mit Sahne auffüllen, mit Gewürzen pikant abschmecken. Dill fein schneiden und zum Schluß darüberstreuen.

Maiskolben

In der Milchreife stehende zarte Maiskolben von Blättern und Haaren befreien. In Butter gar braten und mit wenig Kräutersalz bestreuen.

Pizza

500 g Weizenvollkornmehl
1 TL Vollmeersalz
1 Würfel Hefe oder
1 Päckchen Trockenhefe

1 Tasse Wasser
3–4 EL Öl

Hefe in Wasser auflösen. Alle anderen Zutaten dazugeben und verkneten. Teig sofort auf ein gefettetes Blech streichen. Das gelingt am besten mit nassen Händen.

Belag:

Teig dünn mit Tomatenmark bestreichen und mit beliebigen Gemüsesorten belegen, z. B. Tomaten, rote und grüne Paprikaschoten, Champignons, Spargel u. a. m.

Mit Oregano, Kräuter der Provence, Kräutersalz bestreuen.

Wer darf, kann die Pizza mit Gouda, Emmentaler o. a. Käse belegen.

Bei 200° ca. 20 Minuten backen.

Brotsuppe

200 g altes Vollkornbrot
1 Mohrrübe
1 kleine Sellerieknolle mit Kraut
2–3 Tomaten
1½ l Gemüsebrühe
1 Tasse süße oder saure Sahne
frische Kräuter
evtl. Kräutersalz

Vollkornbrot, Mohrrübe und Sellerieknolle zerkleinern und in Gemüsebrühe weich kochen. Dann alles passieren und mit Sahne und Kräutern abschmecken.

Maronen

2 kg Eßkastanien
Kräuterbutter

Kastanien kreuzweise einschneiden. Auf ein Backblech geben und ca. 20 Minuten bei 200° backen. So heiß wie möglich schälen und mit Kräuterbutter servieren. Schmeckt sehr gut und ist eine komplette Mahlzeit zum Sattessen!

Fenchel gratiniert

8 Fenchelknollen
¾ l Gemüsebrühe
2 große Zwiebeln
Butter
1 Tasse saure Sahne

Fenchel putzen und in Gemüsebrühe bißfest garen. Zwiebeln würfeln, in Butter goldgelb dünsten, mit Gemüsebrühe auffüllen, saure Sahne dazugeben. Soße über Fenchelknollen gießen.

20 Minuten bei 200° backen.

Wenn erlaubt, vorher mit etwas Käse bestreuen.

Mit zerlassener Butter und frisch gehackter Petersilie und Fenchelgrün servieren.

Mandelkartoffeln

1 kg Kartoffeln
100 g grob geraffelte Mandeln
100 g Butter
Kräutersalz
1 gestrichener TL Honig

Kartoffeln kochen und pellen. Butter zerlassen, Mandeln darin leicht bräunen, Honig zugeben. Die ganzen Kartoffeln darin schwenken. *Leicht* mit Kräutersalz bestreuen.

Schmeckt hervorragend zu allen Gemüsegerichten, aber auch einfach so!

Reisfrikadellen

200 g Vollreis
80 g Butter
2 Zwiebeln
100 g Gemüse (Spinat, Erbsen, rote und grüne Paprika u. a.)
frisch gehackte Kräuter
Kräutersalz, Muskat, Paprika
½ l Gemüsebrühe

Reis in Gemüsebrühe garen. Zwiebeln würfeln und in Butter glasig dünsten. Mit Gemüse und

Gewürzen mischen. Kleine Frikadellen formen, in Vollkornmehl wenden und in Butter hellbraun braten.

Backkartoffeln

Kartoffeln gründlich waschen, der Länge nach halbieren. Backblech fetten, mit Kräutersalz und Kümmel bestreuen. Kartoffeln mit Schnittfläche aufs Blech setzen. Die Schale mehrmals leicht mit dem Messer einritzen, mit Öl bepinseln.

Ca. 15–20 Minuten bei 200° backen.

Italienische Bohnen

500 g weiße Bohnen
3 Zwiebeln
2 Lorbeerblätter
1 Knoblauchzehe
3 Tomaten
1 kleine Tube Tomatenmark
1 EL Butter
Kräutersalz, schwarzer Pfeffer, Majoran, Tabasco

Bohnen über Nacht einweichen. Mit Lorbeerblättern und 1 Zwiebel in Gemüsebrühe weich kochen.

2 Zwiebeln würfeln, in Butter glasig dünsten.

Tomaten, gepreßte Knoblauchzehe, Tomatenmark und andere Gewürze dazu geben. Alles vorsichtig mit den Bohnen mischen. Pikant abschmecken. Eventuell mit saurer Sahne abrunden. Mit Petersilie bestreuen.

Dazu schmecken Backkartoffeln vom Blech.

Schnelle Nudelpfanne

500 g Weizenvollkornmehl
etwa ⅜ l kaltes Wasser
1–2 TL Vollmeersalz

Zutaten glatt verrühren, so daß Teig sehr dickflüssig ist und leicht durch ein Spätzlesieb gestrichen werden kann. Er soll so sein, daß er nicht durchtropft, aber auch nicht so zäh, daß er schwer durchgedrückt werden muß.

Teig durch Spätzlesieb in kochendes Salzwasser streichen. Dem Salzwasser etwas Öl beigeben, dann kleben die Nudeln nicht zusammen. Unter Rühren aufkochen lassen, dann mit kaltem Wasser abschrecken. Abtropfen lassen.

In Butter schwenken, mit Tomatenmark, Paprika und Kräutern aus der Provence würzen.

Wer *darf*, kann geriebenen Käse darüber streuen.

Süße Sachen ...

Fruchtreis mit Äpfeln

250 g Naturreis
4 saure Äpfel
100 g Haselnüsse
1 Handvoll Rosinen
2 Orangen
Zimt, Vanille, Honig
Rum

Reis körnig garen (am besten vorher einige Stunden in Wasser einweichen). Das Kerngehäuse der Äpfel großzügig mit reichlich Fruchtfleisch ausstechen.

Haselnüsse grob hacken und mit Fruchtfleisch mischen.

Rosinen in Rum einweichen, Orangen würfeln und dazugeben.

Alles mit Zimt, Vanille und Honig abschmecken und unter den Reis ziehen.

Äpfel damit füllen und in gebutterte Auflaufform setzen.

4–5 EL Butter und
4 EL Honig

zerlaufen lassen und über die Äpfel gießen.

20 Minuten bei ca. 180° im Ofen backen. Mit restlichem Reis servieren.

Haferkugeln

125 g Hafer
Saft von 1 Zitrone
125 g Aprikosen
3 EL Honig
100 g fein gemahlene Nüsse

Hafer mehlfein mahlen, Zitronensaft und zerkleinerte Aprikosen (evtl. pürieren!) dazugeben. Mit Honig und Nüssen verkneten.

Kleine Kugeln formen, in Kokosflocken wenden.

Gefrorenes

¼ l Sahne
3 EL Honig
Erdbeeren oder Himbeeren
Vanille, Zimt

Sahne dickflüssig schlagen. Honig dazugeben, dann steif schlagen. Früchte unterheben. Nach Geschmack würzen. Etwa 2 Stunden ins Gefrierfach stellen. Öfter umrühren.

Schneller Nachtisch für Eilige

Gefrorene Früchte mit Schlagmesser oder Mixer grob zerkleinern.

Mit Honig und geschlagener Sahne mischen.

Mit Vanille würzen, evtl. 1 EL Kirschwasser zugeben.

Pfirsichpüree

500 g Pfirsiche
Saft von 1 Zitrone
1 geh. TL Pfeilwurzelmehl
Honig nach Geschmack

Pfirsiche entsteinen und mit Haut pürieren. Sofort den Zitronensaft dazugeben.

⅓ der Fruchtmasse abnehmen, Pfeilwurzelmehl darin auflösen, aufkochen. Alles mit restlicher Fruchtmasse verrühren und mit Honig abschmecken. (Es kann auch mit Agar-Agar angedickt werden).

Mit geschlagener Sahne gereicht, ist es ein leckerer Nachtisch.

Ohne Sahne ist es auch als fruchtiger Brotaufstrich geeignet.

Mandelkugeln

100 g fein gemahlene Mandeln
50 g Weizen-Vollgrieß
1–2 EL Honig
Saft von 1 Orange
evtl. 1 EL Rum

Alle Zutaten werden verknetet. Kugeln formen, in grob gehackten Mandeln wälzen.

Erdbeerspeise

500 g Erdbeeren
Saft von 1 Zitrone
Honig nach Geschmack
¼ l Sahne
2 Kiwi
Vanille

Erdbeeren pürieren, einige Früchte zum Garnieren zurücklassen. Zitronensaft dazugeben, Honig nach Geschmack. Sahne steif schlagen. Fruchtmasse und Sahne schichtweise in hohe Gläser füllen.

Kiwi schälen, in Scheiben schneiden und Speise damit verzieren.

Mit Vanillegewürz bestreuen.

Schokoladencreme mit Mandeln

5–6 gehäufte EL Weizenvollkornmehl
½ l kaltes Wasser
1 EL Kakao
¼ l geschlagene Sahne
50 g gehackte Mandeln

Vollkornmehl mit Schneebesen in kaltes Wasser einrühren und unter Rühren zum Kochen bringen. Ausquellen lassen, Kakao einrühren, dann abkühlen. Die Masse muß fest sein.

Unter die abgekühlte Puddingmasse geschlagene Sahne und Honig nach Geschmack rühren. Mit gehackten Mandeln bestreuen.

Himbeer-Bananen-Dessert

300 g gefrorene Himbeeren
2 Bananen
¼ l süße Sahne
2 EL Honig
Vollkornzwieback oder Mürbteigreste
Vanillegewürz, etwas Rum

Zwieback bzw. Kuchen zerbröseln, mit Rum tränken. Himbeeren mit Schlagmesser oder Mixer zerkleinern. Banane schaumig pürieren. Sahne steif schlagen, mit Honig abschmecken.

Hohe Dessertgläser schichtweise mit Kuchenkrümeln, Himbeeren, Banane füllen.

Mit Sahnehaube garnieren, mit Rum beträufeln und Vanille darüber streuen.

Beerensalat

100 g Brombeeren
100 g rote Johannisbeeren
100 g grüne Trauben
2 EL Honig

Saft von 1 Zitrone
Zimt und 1 Prise Ingwer

Alle Zutaten vorsichtig mischen. Nach Geschmack mit einem dicken Klecks steif geschlagener Sahne verzieren.

Zum Schluß mit flüssigem Honig beträufeln.

Backen mit Vollkornmehl

Bis hier haben Sie nun einige Neuigkeiten kennengelernt und ausprobiert.

Wenn Ihnen die vorgeschlagenen frischen Salate und die warmen Mahlzeiten geschmeckt haben, sollten Sie auch das Backen mit Vollkornmehl ausprobieren.

Hier werden Sie vielleicht die stärkste Veränderung feststellen. Vollkorngebäck schmeckt aber so vorzüglich, daß Ihre Backversuche schnell voll akzeptiert werden und Ihnen den Mut zum Neuen geben!

Streuselkuchen

500 g Weizenvollkornmehl
1 Würfel Hefe
½ Tasse Wasser
3 EL Honig
1 MS Vollmeersalz
200 g flüssige Butter

Hefe in Flüssigkeit auflösen, Butter flüssig machen und mit allen anderen Zutaten verkneten. Sofort mit nassen Händen auf Backblech streichen.

Streusel:
300 g Weizenvollkornmehl
3 gehäufte EL fester Honig
ca. 100 g Butter
1 TL Vanillegewürz oder Zimt

Alle Zutaten mit einer Gabel zerdrücken, bis feste Krümel entstehen. Evtl. noch etwas Mehl hinzufügen.

Auf vorbereiteten Teig krümeln.

Bei 180–200° 30–40 Minuten backen.

Den Streuseln können gehackte Mandeln oder Nüsse zugefügt werden.

Birnenbrot

1 kg getrocknete Birnen
(oder auch Pflaumen, Aprikosen)
750 g Weizenvollkornmehl
1 Würfel Hefe
½ TL Vollmeersalz
1 EL Honig
½ TL Zimt

Birnen zerkleinern und über Nacht in reichlich Wasser einweichen.

Mit dem Einweichwasser aus den genannten Zutaten einen Hefeteig herstellen. Gehen lassen.

250 g Haselnüsse grob hacken und mit den Birnen in den Hefeteig einkneten, so daß ein recht fester Teig entsteht. Nochmals gehen las-

sen, fest durchkneten und ein großes Brot oder kleinere Laibchen formen.

Mit Eigelb, Sahne oder Wasser bestreichen und das Brot bei 200° 50 Minuten backen, Laibchen ca. 20 Minuten – je nach Größe.

Bienenstich

500 g Weizenvollkornmehl
½ Tasse Wasser
1 Würfel Hefe
1–2 EL Honig
1 Prise Vollmeersalz
200 g Butter

Hefe in Wasser auflösen, Butter flüssig machen, alles mit den genannten restlichen Zutaten verkneten und sofort mit nassen Händen auf ein Backblech streichen.

Belag:
125 g Butter
½ Tasse Sahne
250 g gehackte Mandeln
200 g Honig
1 TL Vanillegewürz

Alle Zutaten in einen Topf geben und unter Rühren kurz aufkochen lassen. Etwas abgekühlt sofort auf den o. g. Teig streichen.

Bei 190° ca. 20–30 Minuten goldbraun backen.

Marzipankuchen

500 g Weizenvollkornmehl
250 g weiche Butter
3–4 gehäufte EL Honig
1 Päckchen Backpulver
1 TL Delifrut, Zimt oder Vanille

Aus allen Zutaten einen Knetteig herstellen. Die Hälfte in eine gefettete Springform drükken.

Marzipanfüllung:
1 unbehandelte Zitrone
1 unbehandelte Orange
200 g fein gemahlene Mandeln
200 g Honig

Zitrone und Orange mit Schale durch einen Fleischwolf drehen, mit anderen Zutaten verkneten. Evtl. zusätzlich etwas Orangensaft hinzufügen, so daß die Masse streichfähig wird.

Auf vorbereiteten Teig streichen. Restlichen Teig als Streusel darüberkrümeln. Bei 180° 1 Stunde backen.

Gedeckter Apfelkuchen

300 g Weizenvollkornmehl
200 g Butter
Prise Salz
5 EL eiskaltes Wasser oder Mineralwasser
1 TL Honig

Alle Zutaten schnell verkneten, gut die Hälfte des Teigs ausrollen. Springform auslegen, Rand hochziehen.

Füllung:
1000–1500 g Äpfel
Saft von ½ Zitrone
ca. 2 EL Honig (oder mehr)
Vanillegewürz
Zimt nach Geschmack
50–100 g gehackte Mandeln
100 g Rosinen
2 EL sehr fein gemahlenes
Weizenvollkornmehl

Äpfel schneiden oder grob raspeln, mit den übrigen Zutaten mischen und auf den Teig füllen.

Teigrest ausrollen, auf Füllung legen. Teigränder etwas zusammendrücken. In die Deckelmitte ein Kreuz einritzen, damit Dampf abziehen kann.

Ca. 40 Minuten bei 200° backen.

Kirschkuchen

500 g Weizenvollkornmehl
125 g weiche Butter
2 EL Honig oder mehr
1 TL Backpulver
½ TL Zimt oder Vanille
½ Tasse Mineralwasser

Aus allen genannten Zutaten einen lockeren Teig kneten.

500 g entsteinte Sauerkirschen unter den Teig heben.

In eine gefettete Springform füllen und bei 180° etwa 40 Minuten backen.

Obstboden

250 g Weizenvollkornmehl
150 g Butter
½ Tasse Sahne
3 EL Honig
1 MS Vollmeersalz
1 TL Backpulver (kann auch weggelassen werden)

Alle Zutaten schnell verkneten und kalt stellen. Dann ausrollen und in gefettete Springform legen.

Mit Zwetschgen, Äpfeln, Johannisbeeren oder anderem Obst belegen.

Mit gehackten Nüssen oder Mandeln bestreuen.

Ca. 30 Minuten bei 180° backen.

Rosinenbrötchen oder Rosinensemmel

800 g Weizenvollkornmehl
½ l Wasser / Sahne (halb und halb)
2 Päckchen Trockenhefe (oder 60 g Frischhefe)
90 g Butter
2 ГL Honig oder mehr nach Geschmack
1 leicht geh. TL Vollmeersalz
100–200 g Rosinen, ungeschwefelt
etwas Streumehl

Mehl und Trockenhefe mischen. In der warmen Flüssigkeit Butter und Honig auflösen. Flüssigkeit mit Mehl verrühren. Salz zum Schluß unterkneten.

Die Rosinen dazugeben. Den Teig gut schlagen und kneten, bis er sich als Kloß von der Schüssel löst.

Die Schüssel und den Teig mit Vollkornmehl bestreuen.

30–40 Minuten gehen lassen. Das Teigvolumen hat sich dann ungefähr verdoppelt.

Den Teig auf einer leicht bemehlten Arbeitsfläche nochmals kurz durchkneten, zu einer Rolle formen und in ca. 30 Stücke teilen. Daraus formt man nun verschiedene Gebäcke bzw. Brötchen, legt sie auf gefettete Bleche, bestreicht sie mit verquirltem Ei oder Sahne und backt sie bei 225° ca. 20 Minuten im vorgeheizten Ofen, mittlere Schiene.

Die ganze Teigmasse kann nach dem letzten

Durchkneten auch zu einer Semmel geformt werden, aufs gefettete Blech legen, mit verquirltem Ei oder Sahne bestreichen.

Backzeit etwa 45 Minuten.

Damit er nicht zu dunkel wird, nach ca. 30 Minuten mit Alufolie abdecken und zu Ende backen.

Nußscheiben

500 g Weizenvollkornmehl
300 g Butter
200 g Honig
150 g fein gemahlene Nüsse
6 EL Sahne
½ TL Vanillegewürz
1 gehäufter TL Backpulver
1 MS Vollmeersalz

Alle Zutaten verkneten, eine Rolle von ca. 6 cm Durchmesser formen. 30 Minuten in den Kühlschrank stellen. Ca. 6–7 mm dicke Scheiben schneiden, in gemahlenen Nüssen wälzen, auf ungefettetes Blech setzen.

20 Minuten bei 190° backen.

Anstelle von Nüssen können auch Mandeln verwendet werden.

Brotaufstrich

Champignonbutter

125 g Butter
125 g frische Champignons
1 Zwiebel
Kräutersalz
Saft von ½ Zitrone

Zwiebel fein würfeln, in wenig Butter glasig dünsten. Fein geschnittene Champignons zugeben. Mit Kräutersalz würzen.

Alles im Mixer pürieren. Nach Erkalten mit restlicher Butter mischen. Kühl stellen.

Französische Nußbutter

125 g Butter
50 g Haselnüsse, fein gemahlen
Saft von ½ Zitrone
Vollmeersalz, Pfeffer
Schnittlauch, Petersilie, Estragon

Kräuter sehr fein schneiden, mit Zitronensaft und Salz mischen. Mit Nüssen, Pfeffer und Butter verkneten. Kühl stellen.

Haselnußbutter, süß

125 g Butter
70 g Haselnüsse, fein gemahlen
1 geh. TL Honig
1 MS Vanillegewürz
1 Prise Zimt
1 frische Feige, püriert

Alle Zutaten vermischen, kühl stellen.

Veränderung: Die fertige Butter mit ½ TL Kakao verkneten.

Knoblauchbutter

125 g Butter
1–2 Knoblauchzehen
Kräutersalz

Knoblauch pressen, mit Butter und Salz vermischen. Kühl stellen.

Kräuterbutter

125 g Butter
Saft von ½ Zitrone
Kräutersalz, Pfeffer,
Kerbel, Petersilie, Schnittlauch

Kräuter sehr fein schneiden, mit Zitronensaft, Salz und Pfeffer mischen. Alles mit Butter verkneten. Kühl stellen.

Tomatenbutter

125 g Butter
1 EL Tomatenmark
Kräutersalz, Pfeffer

Zutaten verkneten, kühl stellen.

Zwiebelschmalz

Zwiebeln fein würfeln und in wenig Butter hellbraun braten – oder auch nur glasig dünsten.

Butter hinzugeben und mit den Zwiebeln erhitzen, bis sich Schaum zeigt.

Abkühlen lassen. Das ist schon alles. Schmeckt herrlich auf frischem Vollkornbrot.

Variationen:

Zum Schluß kleine Apfelstückchen mitschmoren lassen.

Oder Kräuter – z. B. reichlich Schnittlauch – unter das fertige, abgekühlte Zwiebelschmalz kneten.

Literaturnachweis

Dr. M. O. Bruker: Unsere Nahrung – unser Schicksal, emu-verlag, 56112 Lahnstein
Dr. M. O. Bruker: Gesund durch richtiges Essen, Tomus-Verlag
Dr. M. O. Bruker: Rheuma – Ursache und Heilbehandlung, emu-verlag, 56112 Lahnstein
Dr. M. O. Bruker: Diabetes und seine biologische Behandlung, emu-verlag, 56112 Lahnstein
Dr. M. O. Bruker: Erkältet?, emu-verlag, 56112 Lahnstein
Dr. M. O. Bruker / Ilse Gutjahr: Biologischer Ratgeber für Mutter und Kind, emu-verlag, 56112 Lahnstein
Dr. M. O. Bruker: Die Deckung des Eiweißbedarfs, Sonderdruck aus »Der Vegetarier«, emu-verlag, 56112 Lahnstein
Dr. M. O. Bruker: Vitamin B 12, Sonderdruck aus »Der Vegetarier«, emu-verlag, 56112 Lahnstein

Für eigene Notizen